KB219506

강 여 울 | 풀 씨 처 럼 | 5

터질 듯한
꽃망울처럼

오 혜 령 · 영 성 묵 상 기 도 집

도서출판
이유

오혜령 영성묵상기도집

| 강 여 울 | 풀 씨 처 럼 | 5

터질 듯한 꽃망울처럼

ⓒ 이유 2003

글쓴이 · 오혜령
펴낸이 · 김래수

초판 인쇄 · 2003. 11. 25
초판 발행 · 2003. 11. 30

기획 · 정숙미
편집 · 김성수 · 한진영
북디자인 · N.com (749-7123)
분해, 제판 · 성광사 (2272-6810)
인쇄 · 청송문화인쇄사 (2676-4573)

펴낸 곳 · 도서출판 이유
주소 · 서울특별시 동작구 상도5동 103-5 성은빌딩 3층
전화 · 02-812-7217 팩스 · 02-812-7218
E-mail · eupub@hanafos.com
출판 등록 · 2000. 1. 4 제20-358호

ISBN 89-89703-39-5 04230
ISBN 89-89703-34-4(세트)

●저자와의 협의하에 인지를 생략합니다.
●이 책에 실린 글의 저작권과 출판권은 도서출판 이유에 있습니다.
  저작권법에 보호받는 저작물이므로 영상이나 활자 등 어떤 경우에도
  도서출판 이유의 서면 동의없이 무단 전재나 복제를 금합니다.

강 여 울 | 풀 씨 처 럼 | 5

터질 듯한
꽃망울처럼

오 혜 령 · 영 성 묵 상 기 도 집

전 이미 부활한 것입니다

주님,
당신 이름 부르다가 잠들어
당신 만나는 꿈 꾸었습니다
꿈 속에서 당신과
사랑을 속삭이다가
잠에서 깨어나면
얼굴을 씻으면서도 당신 생각뿐입니다

주님,
십자가 앞에서 눈이 붓도록 울었고
십자가를 떠날 땐 너무 기뻐 춤을 췄습니다
제 죄가 슬퍼 울고
제 죄가 사해져서 웃은 것입니다
당신 사랑만 생각하며
종일 울고 주야로 웃습니다

주님,

당신 앞에 앉아 있으면

모든 걱정이 사라집니다

당신 안에서 편히 쉽니다

일 때문에 잠깐 동안 당신과 작별해도

줄곧 당신 얼굴만 떠오릅니다

부엌에서 음식을 만들 때나

가족과 식탁에 앉을 때나

물건 사러 시장길을 누빌 때도

제 마음은 당신께 가 있습니다

당신은 날마다 진정 저와 동거하십니다

제 방에 묵으십니다, 저는 승리한 것입니다

전 이미 부활한 것입니다

아멘

터질 듯한 꽃망울처럼

♣ 서로 사랑하며 채소를 먹고 사는 것이,
　서로 미워하며 기름진 쇠고기를 먹고
　사는 것보다 낫다. (잠 15:15-17)

모든 날이 잔칫날

주님, 평화의 주님,

당신께서 다시 사신 후

모든 날에 평화가 깃들었습니다

어디를 둘러봐도 축제 분위기입니다

조용히 입을 다물 수가 없습니다

당신이 죽음을 이기셨으니까요

저희의 최대 고민거리인

죽음 문제를 해결해 주셨으니까요

얼마 전만 해도 신앙순례길에서

당신을 잃는 슬픔에 질식될 뻔했지요

그러나 이제 다시 살아 오셨으니

제 마음엔 평화만 출렁거립니다

나의 기쁨, 나의 주님,
오늘은 잔치를 하려고 해요
의식주는 초월하자고 말하지만
먹는 것의 중요성을 알고 있지요
한 식탁에서 음식을 함께 나누면

이내 가족처럼 가까워지지요

비싼 음식을 먹어서가 아니에요

사랑하는 사람들끼리는

채소를 먹어도 즐거워요

다 모이라고 했어요

시집간 딸들 가족도

또 가족처럼 다정한 몇몇도

초청하기로 했어요

특별한 음식은 차리지 않아요

그냥 모여서 깔깔거리며
당신의 부활 이야기를 주고받으려고요
당신의 사랑을 먹는 법을
가르쳐 주려고요

주님, 함께 있기를 원하시는 주님,
여기저기 가실 데 많겠지만
오늘은 저희 집으로만 오세요
당신을 맨 윗자리에 뫼시고
부활현존을 느끼고 싶어요
당신께서 고통당하신 밤
당신께서 승리하신 낮
당신께서 만드신 아침
그 감동적인 얘기를 듣고 싶어요
오늘밤은 식탁에
하얀 초 일곱 개를 켜 놓겠어요
촛불에 비치는 당신 얼굴을
황홀한 마음으로 바라보겠어요
마태수난곡이 아니라

환희교향곡을 들을래요
바흐에서 베토벤으로
작곡가를 바꾸겠어요
그러다가 먹기가 끝나면
당신 말씀도 끝나면
모두 축제의 노래를 합창할까 해요

주님, 우리의 주님,
그 다음은 뭐할 건지 아시죠?
촛불을 끄는 거예요
촛불을 켰을 때보다 더 환하겠지요
당신은 빛이시니까요
빛이신 당신을 한가운데 세우고
모두들 춤을 출 거예요
잔치기분 좀 내지요, 뭐
상상만 해도 마음이 흐뭇해요
그러니 실제로 당신과 함께 맞는
잔칫날은 얼마나 더 기쁠까요?
당신과 함께 추는 춤은

얼마나 더 아름다울까요?

제가 너무 감격스러워

당신과 왈츠를 추다가

당신의 발등을 밟을지도 몰라요

주님, 사랑한다는 것은

정말 즐거운 일이로군요   † 아멘

♣ 내가 눈을 들어 산을 본다. 내 도움이
어디에서 오는가? 내 도움은 하늘과 땅을
만드신 주님에게서 온다. (시 121:1-2)

하늘을 올려다봅니다

내 주 하나님,

살포시 5월을 열어 주시니 감사합니다

그렇다고 거친 비바람 몰아치던

4월이 싫었다는 뜻은 아닙니다

저는 가장 좋은 것 뒤에서

그것을 만드는 비바람을 환영합니다

겨울 때문에 봄을 좋아합니다

여름 때문에 가을을 사랑합니다

봄을 잉태하여 분만하는

겨울을 좋아합니다

가을을 성숙하게 하는

여름을 사랑합니다
1년 사계절
모두 사랑스럽습니다

내 주 하나님,
당신이 구분지어 주시고
이름 붙여 주셔서 그렇지
1월과 5월이 제겐 다르지 않습니다
그러나 당신의 아름다운 솜씨를
더욱 찬양할 수 있는 신록의 달에

흠뻑 맛들이도록 해 주심 감사합니다
5월에 제가 가장 많이 하는 것,
당신도 아시다시피 하늘 올려다보기입니다
당신께서 하늘로 오르셨기 때문이지요
물론 당신은 하늘로 가셔도 땅에도 계시지만,
위와 아래라는 공간을 구별하는 것 아니지만,
땅에 발 붙이고 하늘을 올려다보는 게
천국시민의 할 일임을 알기 때문입니다

내 주 하나님,
예전에는 힘든 일 생기면
이 사람 저 사람 도움 줄 사람을 찾았죠
그래도 막막하면 이 산 저 산 쳐다보며
한숨을 내쉬곤 했지요
그러나 지금은 사람과 산을 바라보기 전에
먼저 당신이 계신 하늘을 올려다보게 됩니다
당신은 영락없이 도움을 주시죠
사람들을 통하여 사건들을 만들어 주심으로써
사람들 안에 하늘이 있음을 가르쳐 주십니다

사람들을 통해서 당신은 일하시고
사람을 통해서 오시는
당신이심을 믿습니다
그래서 사람을 통해서
당신께 갑니다   †아멘

♣ 주님께서 한결같은 사랑으로,
손수 구원하신 이 백성을 이끌어 주시고,
주님의 힘으로 그들을 주님의 거룩한
처소로 인도하여 주십니다. (출 15:13-16)

하나님 만만세!

하나님,
당신은 저희의 하나님이십니다
당신을 찬송하고
당신 이름을 높이 기립니다
하나님 만세, 만만세!

한결같은 당신의 사랑
놀라운 당신의 자비
엄청난 당신의 힘
거룩한 당신의 영광
찬양하며 갈채합니다

하나님 만세, 만만세!

하나님,
오늘은 조용한 승리의 노래가
제 입술에서 떠날 줄 모릅니다
모든 것이 당신의 위업이고
모든 것이 당신의 기적이며
모두가 당신의 은총이며
모두가 당신의 사랑입니다
당신 없이 이루어지는 것

결코 하나도 없사와

끝없이 찬탄하며 영광을 드립니다

작은 일부터 큰 일

적은 일에서 많은 일에 이르기까지,

당신의 권능의 손은

단 한 순간도

개입하시지 않은 적 없었습니다

감사와 찬송을 드립니다

하나님, 그 옛날

이집트의 병거와 기병을,

바로의 군대를,

홍해에 빠뜨리시고
이스라엘 자손은
바다 한가운데로 마른 땅 밟으며
지나게 해 주셨듯이
오늘날도 당신은
저희를 괴롭히는 원수 마귀를
꼼짝달싹 못하게 묶어 놓으시고
저희에게 성령을 보내시어
해방의 승리를 노래하게 하십니다

고속도로 분리대를 받고
자동차가 종잇장처럼 접혔는데도
온 가족이 말짱하게 살아나도록
제 이웃을 살리신 하나님,
만세, 만만세!
중병선고 받고
죽을 날만 기다리는 형제 하나
매우 가엾게 보시고
췌장의 암세포 말끔히 죽여서

사대독자 외아들 살리신 하나님,
만세, 만만세!
이튿날 아침먹이 없어 기도하고 나니
문 앞에 쌀 한 말
생선 두 마리 갖다 놓도록
천사를 보내 주신 하나님,
만세 만만세!

하나님, 당신은 보이지 않는 저희 몸에,
저희 영혼과 마음 속에,

당신의 사랑의 씨앗을 뿌리고 계십니다

오갈 데 없는 외로운 자들에게

의지되어 주시고

흉악한 마음을 바꾸어

선한 이로 만드십니다

당신의 영을 받기만 하면

저희는 모두 살아납니다

생존하던 자가 실제로 삽니다

가까스로가 아니라

당당하게 살게 하십니다

승리의 하나님이

우리의 아버지이시기 때문입니다

하나님 만세, 만만세!   †아멘

♣ 도마가 예수께 "나의 주님, 나의 하나님!"
하고 대답하니, 예수께서 도마에게
말씀하셨다. "너는 나를 보았으므로 믿느냐? ※
나를 보지 않고도 믿는 사람은
복이 있다." (요 20:24-29)

May

5

4일

사랑으로 부르는 이름

주님, 당신을 보지 않고도 믿는 저희는 행복합니다
당신을 뵈온 일이 없지만
주님이라 부르며 저희의 구세주로 믿습니다
그러나 당신의 이름을 부르며 구하는 모든 것은
다 들어 주시겠다고 하셨지만
당신의 이름을 올바로 부르지도 않고
무엇이든 달라고만 졸라댔습니다
사랑으로 당신 이름을 부르지 못했습니다
절박하게 당신을 부르지 못했습니다
있는 힘을 다하여 당신 이름을 부르지 못했습니다
그리고는 응답하시지 않는다고 투덜거렸습니다

주님, 당신을 부를수록

더 다정한 관계를 맺도록 해 주옵소서

당신을 보지 않고도 믿는 사람은

복되다고 말씀하신 주님,

저희는 당신을 뵈온 일이 없어도

당신을 주님이라 부르며

저희의 구세주로 믿습니다

그러나, 전적으로 믿으면

당신과 하나될 수 있는데

곧 만나자 하실 때 다른 일로 분주하다며

만남을 연기했습니다

길게 만나자 하시면 시간이 없다며

시간을 드리지 못했습니다

뜨겁게 만나자 하실 때

마지못해 당신 앞에 앉아 있었습니다

그러면서 인격적인 관계를

맺고 있는 줄 착각했습니다

지금도 마찬가지입니다

아직도 지상에 살아계신 당신을

뵈옵는 듯 살아야

부활의 삶을 살아 내는 것인데

부활의 기쁨이

존재에 충만히 퍼지지 못했습니다

'나와 너'라는 충만함 속에

들어가는 것이 쉽지 않습니다

저희는 아직 사랑하기를 배우기만 했지

사랑하지 못하고 있습니다

여전히 당신은 누구신가에 대해

무척 낯설고 어둡습니다

그러므로 친밀한 만남 속으로 들어가지 못하여

삶이 버겁고 써늘하게만 느껴집니다

당신이 저희의 주님이심을

가슴으로 믿어

부활의 증인들이 되게 해 주옵소서   † 아멘

♣ 예수께서 다시 그들에게 말씀하시기를,
"너희에게 평화가 있기를 빈다.
아버지께서 나를 보내신 것 같이 나도
너희를 보낸다." 하셨다. (요 20:19-21)

그 평화를 주옵소서

"샬롬!"

말을 붙이시는 주님,

당신의 음성과 함께 당신의 평화가

우리 모두에게 철철 넘치게 하소서

누구든지 사람들 가운데서

평화를 위해 일하는 사람은

이미 그리스도의 길을 따르고 있다는 것을

기억하게 해 주소서

그러나 주님,

당신의 길을 따라가면서

지속적으로 평화를 누리는 것은

왜 이리도 어려운지요!
당신께서 생각하신 대로,
당신께서 말씀하신 대로,
당신께서 행하신 대로,
살아 내지 못하기 때문에 오는
초조감과 불안이 있습니다
때로는 상황 자체에서 오는
두려움 때문에 갈피를 잡지 못하고
명쾌한 판단력을 잃고 허둥거립니다
바닥이 흔들리지 않는 평화,
당신께서 심어 주시는 뿌리깊은 평화

불안을 해소하고도 넉넉히 남는 평화
심리적 혼란을 제거해 주는 평화,
그 평화를 우리에게 주시옵소서
오 주님, 당신의 제자들이 당신을 뵙고
너무 기뻐 어쩔 줄 모르던 그 평안을
저희에게 부어 주시옵소서

"너희에게 평화가 있기를!"
먼저 인사하신 주님,
당신의 목소리와 함께 당신의 평화가
우리 모두에게 흘러넘치게 하소서
하오나 주님,
우리는 당신을 따라가면서도
우리가 누구이며
어디로 가고 있는지 모르는 사람처럼
너무 자주 넘어집니다
지나친 욕망을 실현하지 못하여
욕구불만에 사로잡혀 있습니다
당신 나라에 대한 열망을 가지고 기다리면서도

보이는 세상 것들에 현혹되어
종말론적 희망을 잃고 살아갑니다

우리가 가지지 않은 것에 대해 욕심부리며
가지고 있는 것을 빼앗길까 봐
은근히 염려합니다
날마다 위기의식을 느끼며
형제들을 불신하며 괴로워합니다

얻은 것보다 잃은 것을 더 슬퍼하며
자신을 비참하게 만들어 갑니다
가진 것을 포기하고 얻는 평화,
안 보이는 것을 확신하고 얻는 평화
하나님과 함께 살아가는 평화,
지닌 것에 대한 감사에서 오는 평화,
마침내 가야 할 곳을 보증 받은 평화,
그 평화를 저희에게 주시옵소서 † 아멘

♣ 내게 붙어 있으면서도 열매를 맺지 못하는
가지는, 아버지께서 다 잘라 버리시고,
열매를 맺는 가지는 더 많은 열매를 맺게
하시려고 손질하신다. (요15:1-6)

가 지 치 기

주님, 세상에서 제일 어려운 일이 있습니다
가지치기입니다
사람의 머릿속에 떠오르는
숱한 상념들로부터
단 하나만 길어올리기 위해
가지를 치려면
모든 상념들이 일제히 따라붙어
더욱 혼란을 빚게 합니다
잘못하면 쓸 만한 가지는 치고
쓸모없는 것만 붙여둘 수도 있습니다
어떤 가지가 쓸모없는 가지이며

열매 맺지 못할 가지인지
분별하는 것이 어렵습니다
가지를 치되 불필요한 가지는 모조리 잘라 버려
필요한 가지들이 빨아 먹어야 할 양분을
가로채지 않게 해야 합니다
아버지께서 그 가지치기를 해 주신다니
얼마나 감사한지요!

주님, 잘 가꾸어진 가지들이
포도나무에 붙어 있기만 하면
자동적으로 열매를 맺는다고요?
붙어 있다는 것은 무엇인가요?
지체의식을 갖는 일이겠죠?

당신과 내적 연합이 이루어지는 것이겠죠?
지금 여기에서
당신이란 나무에 붙어 있으려면
한몸의식을 가져야 함을 압니다
뿌리이신 당신께로부터 올라오는
수분과 양분을 받아
생명을 유지해야 함을 믿습니다
당신의 가르치심을 실천에 옮겨
본체에서 떨어져 나가지 않도록
당신의 말씀을
하나도 빠짐없이 수용하게 해 주십시오

주님, 당신께 붙어 있으려면
고난도 영광도 같이 받아야 하겠죠?
햇볕 찬란한 날에는 그 아름다운 빛을 받아
성장하는 영광을 함께 누리고 싶습니다
비바람이 불거나 눈보라가 치는 날은
나무 자체가 흔들리는 고통을
함께 겪고 싶습니다

공감대를 형성하는 일도
못지않게 중요함을 알고 있습니다
당신의 뜻과 생각대로
아버지를 향한 사랑과 순종 그대로
아버지께서 기뻐하시는 일로의 일념 그대로

당신 흉내만 내게 해 주옵소서
잠시 잠깐이라도 떠나지 않도록 도와 주소서
그리하여 포도나무를 가꾸시는 아버지께
큰 영광을 드릴 수 있도록
지속적인 관계를 맺게 해 주옵소서   † 아멘

♣ 너희가 내 안에 머물러 있고,
내 말이 너희 안에 머물러 있으면,
너희가 무엇을 구하든지 다 그대로
이루어질 것이다. (요 15:7-11)

사랑의 물꼬를 터

사랑의 열매를 맺기 원하시는 주님,

그러기 위해서 저희가

당신 안에 머물기를 촉구하시는 주님,

어떻게 하면 당신 안에 머물 수 있을까요?

사랑의 열매를 탐스럽게 맺을 수 있을까요?

당신 안에 머물기 위해서

밖과의 접촉을 끊어야 하겠죠?

밖에서 일어나는 일들이 영향을 미치지 않도록

밖과의 관계를 절연하는 것이겠죠?

그러나 밖엣것을 잊는다는 것은

너무 어렵습니다

몸은 들어와 있지만
마음이 밖으로 향해 있는 때가
많기 때문입니다
밖엣것을 깡그리 잊기 위해서
안엣것에 정을 붙이며
안의 조건에 만족하기를 원합니다
바깥 출입을 삼가며
밖엣것에 마음이 현혹되지 않고
안엣것에 몰입하도록
일일이 간섭해 주시옵소서

당신의 안과 밖을 수시로 드나들며
당신 안에 좌정하지 못하는
산만한 제자들이 되고 싶지 않습니다
당신 외의 것엔 시선이 가지 않도록
눈길을 고정시켜 주시옵소서

주님,
안에 머물려면 밖을 그리워하지 말라고요?
그렇습니다
그리움이 있는 곳으로
언제고 달려가기 때문입니다
안엣것에 길들여지기 위해서
최상의 가치에 익숙해지기 위해서
끊임없는 인내와 기다림과
수련을 지속하도록
능력과 지혜를 주시옵소서
잠시도 말씀을 떠나지 않아
유혹과 시련이 저희를 방해하지 못하게
막아 주시옵소서

저희의 기쁨이 넘치기를 원하시는 주님,
당신의 넘치는 기쁨으로 초청해 주시오니
그 기쁨 안에서
아버지의 자녀되는 영광도 맛보게 해 주시고
사랑의 현존 안에 머물게 해 주시옵소서
부분적인 현존에서 전체적인 현존으로 건너가는
신비를 체험하게 도와 주시옵소서
당신께서 머물라고 하신 그 안을
영구한 집으로 삼아
다시는 이삿짐을 꾸리지 않도록
인도해 주시옵소서

사랑 안에 머물라시는 주님,
사랑이 식을 만할 때
감춰 놓았던 사랑의 불씨를 다시 일으켜
또다시 새로운 사랑을 시도할 수 있도록
언제나 당신 사랑의 불씨를
하나씩 숨겨두게 해 주시옵소서
사랑의 물꼬를 터 놓기 위해

처음부터 여러 사람을 사랑하기보다

우선 한 사람을

진실하게 사랑할 수 있는

연습을 하게 해 주옵소서

당신의 사랑은 빛입니다

당신 사랑의 빛이 비춰 오면

어둠이 몸살하며 도망합니다

그러나 오랜 세월 어둠으로 있었던 저희는

빛으로 몸을 감으면 어쩐지 어울리지 않아

빛의 옷을 벗어 버리려 합니다

그 사랑의 광휘를 벗지 않을 용기와

계속해서 그 광휘를 입을 수 있는

모험심을 주시옵소서

한 곳, 다만 한 사랑 안에만

머물게 해 주시옵소서   † 아멘

♣ 나는, 양들이 생명을 얻고
또 더 넘치게 얻게 하려고 왔다.
(요 10:10)

터질 듯한 꽃망울처럼

생명이신 주님,
당신이 말씀하시는 생명은
하나님 아버지와 아드님이신 당신 안에
있는 것임을 믿습니다
아버지와 아드님의 생명의 숨결을
함께 누리는 것임을 믿습니다
이 생명의 표징은 어떤 것일까요?
뭐니뭐니해도 힘이 넘치는 것이겠죠?
나무에 기대어 그 속에서 물이 오르내리는
힘찬 소리를 들은 적이 있습니다
물줄기가 뻗치는 소리를 들었습니다

능력의 분출을 느끼며
눈물을 흘린 적이 한두 번이 아닙니다
무릇 생명 있는 것들은
자체 내에서 아름다움을 마구 뿜어댑니다
발산되는 아름다움은
자연스러운 생명의 모습입니다
각기 특유한 아름다움이
생명으로부터 비롯됩니다
터질 듯한 꽃망울의 모습으로
모자람 없는 충만을 발견할 때마다
창조주의 사랑의 손길을 느낍니다
괴어 있는 생명,
샘솟는 생명,
이 생명은 사랑하는 자에게 주시는
하나님의 복임을 느낍니다
생명 있는 것들은
모두 사랑을 받아 반짝반짝 윤기가 납니다
생명의 표징은 사랑의 결집입니다

생명이 넘치시는 주님,
그 생명을 근원에서 받도록 해 주옵소서
원천을 떠나서는 존재할 수 없는
그 생명을 누리기 위하여
원천과의 관계가 긴밀해지도록
은총을 주옵소서
생명은 되어가는 것이므로
씨앗으로부터 열매까지
일정한 과정을 밟아야 하는 것임을
잊지 말게 해 주옵소서
과정을 간과하기 때문에

생명이 말라붙어 죽어간다는 사실을
염두에 두게 하옵소서
자신에게 온 생명을 잠재우지 않고
형제들과 나누어
더 큰 생명으로 보태어지게 하옵소서

영원한 생명을 약속하시는 주님,
묵은 생명이 죽고 다시 태어날 때
새로운 생명을 입고 찬란해집니다
생명은 죽음을 거쳐
다시 아름답게 피어오르는 꽃처럼
지속적인 거듭남의 역사를 지녀야 합니다
이 세상에서의 생명이 끝난 후
하나님 안의 생명으로 들어갈 때
비로소 본질을 살게 되며
참 생명의 본체를 입게 된다는 것을
깨닫게 해 주옵소서
잔뜩 굶었다 한꺼번에 먹는 것이 아니라
매일 조금씩

말씀이 주는 생명을

받아 누리게 해 주옵소서

회개 후에 오는 생명,

죄사함 받은 후에 오는 생명을 통하여

무한한 자유를 누리게 해 주옵소서

그리하여 모든 장애를 뛰어넘고도

그 이상으로 남아 있는 생명을 입고

착한 목자이신 당신의 양들로서

반드시 누려야 하는 생명을

풍성하게 얻도록 해 주옵소서

당신께 짝사랑의 슬픔을

더 이상 드리지 않도록

이제는 제가 당신에게 달려가

당신 생명을 빨고 또 빨아

통통한 아기로 자라게 해 주옵소서   † 아멘

♣ 그러므로 너희는 무엇이든지,
남에게 대접을 받고자 하는 대로,
너희도 남을 대접하여라. 이것이 율법과
예언서의 본뜻이다. (마 7:12)

너를 위한 마음 한 접시

주님, 어제 저녁엔
모처럼 밖에 나가 융숭한 대접을 받고
마음이 거나해져서 집으로 돌아왔습니다
포도주 한 잔 안 마셨는데
전신에 취기가 돕니다
먹은 음식도 영양가 높고 맛있었지만
저를 대접한 그이의 사랑이
퍽이나 돋보였습니다
식탁의 자리배치, 등받이 의자,
야경이 보이는 창가와 조명,
식단 선택, 방 안의 온도 등

만점 대접이었습니다
그이가 차린 식탁엔
이런 접시들이 놓여 있었습니다
식욕촉진제로는 '만남의 기쁨을 노래한 기도',
부식은 '너를 위한 마음 한 접시'
그 음식이 가장 맛이 있었습니다
주식은 '네게 바치는 뜨거운 사랑'
음료는 '너를 기쁘게 하기 위해 마련한
즐거운 이야기' 였습니다
후식은 '만남의 약속과 평화' 였지요
일어날 때 보니 대접한 그이는 없고
대접 받은 손, 저만 있었습니다
그이는 이미 식탁으로 올라와
전 그이를 다 먹어치웠습니다

주님, 오늘까지 배가 꺼지지 않습니다
대접을 받고자 하는 대로
대접하다가 먹거리가 되어 버린 그이 때문입니다
그이는 비로소 한 그리스도인이 된 것입니다

당신께서 하신 대로 행할 때
그리스도인이 되기 시작한다는 것을
삶으로 가르쳐 준 그이입니다

주님,
저도 작은 일부터 연습합니다
거창한 일을 하기엔 아직 믿음이 어려서요
치약 짜서 너의 칫솔에 묻혀 놓기
신발 신기 편리하게 돌려 놓기
쓰레기통 먼저 비워 주기
무거운 것 골라 들기
나쁜 것 먼저 먹어 버리기
승강기 단추 눌러주기
무엇이 너를 가장 기쁘게 해 줄까
곰곰이 생각하며
네가 원하고 바라는 대로 엽렵하게 해 주기
그러나 밥에 물 말아 주는
예의에 벗어나는 지나친 공손은 삼가기……
너를 편하게 해 주고 싶어 안달입니다

하지만 지나치게 서양식이라며
부담스러운 친절이라며
오히려 화내는 이웃이 있습니다
그래도 당신이 하라시는 것이면
꾸준히 계속하렵니다
당신께서 가장 중요시하시는
율법의 정신,
사랑으로 대접하겠습니다
당위에 못 이겨 체면 때문에,
누가 시켜 하기 싫은 것을
억지로 하지는 않으렵니다
중도에서 그치지 않고
끝까지 사랑으로 대접하도록
은총을 베풀어 주시기 바랍니다   †아멘

♣ 하늘의 새들도 샘 곁에 깃들며,
우거진 나뭇잎 사이에서 지저귑니다.
(시 104:10-13)

어찌 이리도

창조주 하나님,

올 봄은 저를 밖으로 유혹합니다

손님이 다녀가기 전에는

앞뜰에도 잘 안 나가는 저를,

시장가는 날 빼고는

숲의 체온을 느낄 엄두조차 못내는 저를,

5월이 강권적으로 불러냅니다

일찌감치 성악 레슨을 시작한 뻐꾸기도 가세하여

안 보이는 곳에서 저를 손짓하여 끌어냅니다

새의 노래를 제대로 들을 줄 안다면

당신이 누구신지 제법 많이 알게 될 거라고

하신 말씀이 갑자기 떠오르기에

무조건 뻐꾸기 노래 따라

뒷산까지 올랐습니다

하나님, 작년에 듣던 그 노래가 아닙니다

시조 같기도 하고 창 같기도 한

토착화된 노래를 어디선가 배워 가지고 왔군요

뻐꾸기 소리만 들리면 눈물 흘리며

숲 속을 헤매던 소년은 부쩍 커 버려

이젠 방황을 끝낸 나이가 되었으니

뻐꾸기인들 어찌 자라지 않았겠어요?

당신께 직접 사사한 뻐꾸기,

이젠 독창회를 열어도 손색이 없을 것 같습니다

창조주 하나님,

당신이 손수 만드신 것이

어찌 이리도 아름다운지요!

산 위에서 올려다본 하늘은

거꾸로 매달린 호수 같습니다

파란 물이 가득 담긴 호수,

거기에 비친 구름 한 조각,
명화 중의 명화입니다
어디선가 불어오는 바람,
그것은 넘어져 상처날 때마다
호호 불어준 어머니 입김처럼 따스합니다
아무리 밟아도 아프다고 불평한 일이 없는
겸손한 땅,
영락없는 당신 아드님의 성품입니다
간밤 내내 쏟아진 소나기는
아직도 소나무 가지에서 자장가를 부릅니다

마을로 내려오는 길
목장에서 만난 낮잠 자는 젖소와
돼지우리에서 아기돼지를 애무하는 어미돼지
개집 밖으로 고개 내민 강아지 육남매,
상수리나무와 은행나무,
궁합도 맞지 않는 나무들이
잘도 어울려 한가족 이룬 것 –
아, 당신께서 지으신 것들입니다

어찌 이리도, 어찌 이리도!

하나님,

저를 집 밖으로 유인한 뻐꾸기는 간 데 없고

이름 모를 산새들 한 무리 나타나

당신을 찬양합니다

이름 없어도 당신 홀로

부르시는 이름들이 있겠지요

들꽃 하나, 들풀 하나,

당신 손이 가 닿은

영광의 흔적을 지니고 있습니다

산새들의 찬양이 끝나기도 전에

어렴풋이 뻐꾸기 노래가 들려옵니다

불협화음 가운데

조화가 이뤄집니다

이것 역시 당신이 하신 일입니다

어찌 이리도, 어찌 이리도! †아멘

♣ 지혜로운 아들은 아버지를
기쁘게 하지만, 미련한 아들은 어머니의
근심거리이다. (잠 10:1-5)

애물단지

아버지 되신 하나님,

당신을 아버지라 부르며

울컥 눈물이 솟구칩니다

아무리 생각해도 저희 같은 죄인이

거룩하시고 전능하신 하나님을

아버지라고 부른다는 사실은

기적이 아닐 수 없습니다

기쁠 때 너무 흐뭇하여 부르는 아버지,

슬플 때 의지하고 싶어 불러보는 아버지,

도움을 청하는 순간

저도 모르게 가슴에서 우러나는 아버지,

저희가 기대하고 바란 것보다
수백 배 좋은 것으로 주실 때
감사하여 부르는 정다운 이름, 아버지,
당신의 뜻을 이루시기 위하여
목전의 이익을 포기하게 하시며
거절이라는 이름의 응답을 주실 때
이해하려고 애쓰며 부르는 이름, 아버지,

실망하여 곧 쓰러질 것 같으나
당신의 숨은 뜻을 헤아리며
무릎꿇고 불러보는 두려운 이름, 아버지,
무의식 중에 죄를 짓고
이것만은 모르시려니 했는데
더 큰 은총과 복을 주시려고
매섭게 사랑의 채찍을 드셔서
회개의 길로 들어서게 하실 때
부끄럽고 황송하여 통곡으로 부르는
아버지, 아버지, 아버지,
예, 아버지,

당신의 이름을 부르는 것만으로도
이미 저희는 당신 나라를 살고 있습니다

지혜의 원천이신 아버지,
미련한 아들 딸들 두신
아버지의 심경이 어떠하십니까?
어리석은 딸 아들들 기르시는
어머니의 마음이 어떠십니까?
당신을 기쁘시게 해 드리지 못하여
오늘도 애물단지로 서 있습니다
그러나 아버지,
이제 당신께서 가르쳐 주신 지혜로
그리스도께서 알려 주신 지식으로
성령께서 넣어 주신 분별력으로
당신께 영광을 드리렵니다

만선만덕의 근원이신 아버지 하나님,
악한 아들 딸들 삼으신
아버지의 가슴이 어떠십니까?

게으른 딸 아들들 낳으신
어머니의 심경이 어떠하십니까?
당신의 선하신 뜻대로 살지 못하여
오늘도 장애물로 걸리적거립니다
하오나 아버지,
이제 당신께서 원하시는 완덕으로
그리스도께서 몸소 보여 주신 선으로,
성령께서 선물하신 근면으로
당신께 영광을 드리겠습니다
지혜 안에서 섬기고
사랑 안에서 살아가는 법을
익히게 해 주옵소서   †아멘

♣ 도마가 예수께 말하였다.
"주님, 우리는 주께서 어디로 가시는지도
알지 못하는데, 어떻게 그 길을
알 수 있겠습니까?" (요 14:5-9)

아버지를 가리키시는 손가락

주님, 당신은 아버지를 가리키시는 손가락이시며
아버지께로 인도하시는 길이심을 믿습니다
아버지께로 가는 길로 인도해 주시는 주님,
아버지께로부터 오신 당신밖에는
아버지께로 가는 길을
알지 못한다는 것을 일깨워 주시고
당신을 따라나서면
마침내 아버지께 당도하게 된다는
진리를 알려 주시니 감사합니다
하나님나라로 가는 길이신 주님,
당신께서 세상에 오셔서

첫번째로 가르쳐 주신 것은
하나님나라였습니다
저희가 구원을 받아
하나님나라에 들어가기만을 바라시며
직접 그 길이 되어 주심을 감사드립니다

오 주님,
길이신 당신 외에 누구를 믿겠습니까?
진리이신 당신 밖에 누구를 의지하겠습니까?
생명이신 당신을 떠나서
어디로 가겠습니까?
당신 안에 저희의 살 길과 구원이 있고
당신 안에 저희의 빛과 부활이 있으며
당신 안에 저희의 영원과 천국이 있습니다
당신을 벗어나 세상길로 뛰쳐나가지 않도록
붙잡아 주십시오

길 되신 주님,
아버지 집에는 저희가 있을 곳이 있다고요?

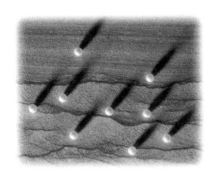

그 아버지 집은 바로 당신이 계신 곳이라고요?
그리고 저희도 언젠가는
당신 계신 곳에 함께 있도록
마련해 주시려고 하신다고요?
오, 주님,
당신이 아버지께로부터 오셔서
아버지께로 가신다는 의미를
이해하게 해 주옵소서
당신께서 어디로 가시는지
그 길을 확연히 알도록 해 주옵소서

길이신 주님,

당신을 통해서만

아버지가 어떤 분이신지 알 수 있다고요?

당신은 보이지 않는 아버지의 형상이시며

아버지의 완전하신 본질이심을

믿고 또 믿습니다

당신을 만나는 것이

아버지를 만나는 것임을

믿고 또 믿습니다

예, 주님,

당신은 아버지를 만날 수 있는

유일한 길이십니다 ✝아멘

♣ 아이 꾸짖는 것을 삼가지 말아라.
매질을 한다고 하여서 죽지는 않는다.
(잠 23:13-14)

사랑의 매는 달대요

주님,

당신 부활의 빛이

온누리에 스며들었습니다

새삼스레 부활에너지의 폭죽소리를

듣는 것 같습니다

십자가를 오래 바라본 사람들이

갖는 영광의 의미도 새로워졌습니다

다시 삶, 거듭 삶,

영원한 삶에 대한 통찰도

이전과 좀 달라졌습니다

주님, 감사합니다

다시 사신 주님,
부활하셔서 제자들에게 나타나셨듯
지금 저희 눈엔 가려져 있어도
당신은 부활현존으로
저희 곁에 계십니다, 할렐루야!
다시는 죽지 않으시는 주님,
당신은 저희에게
영원히 사는 나라와 복락을 약속하셨으니
기쁨 가득한 희망을 노래합니다
영원하신 주님,

당신의 영원에 당도하는 법을
당신께로부터 배우고 싶습니다
어떻게 해야 여기서부터
영원을 살 수 있을까요?
마음은 어린이를 간직하고
믿음은 어른으로 성장하라고요?
너무 어려워 어찌할 바를 모릅니다

오 주님,
이제 말씀하시는군요
어리석음의 뭉치를 떼어 내고
지혜의 세계로 들어가라고
자상하게 일러주시는군요
방자해지지 않도록, 마음이 맑아지도록
때로 사랑의 매가 필요함을
일깨워 주시니 감사합니다
마땅히 갈 길을 가르쳐야 죽음에서 해방되고
나쁜 버릇에 길들여지지 않음을
교훈해 주시니 감사합니다

당신 나라에 희망을 두는 자답게

저희 모두 지혜를 갈망하여 사랑의 매를 달게 받고

무럭무럭 자라게 해 주십시오

부활생명을 받아 어린이의 마음,

어른의 부활신앙 안에

들어가 머물게 해 주십시오 † 아멘

♣ 내가 진정으로 너희에게 말한다.
너희가 돌이켜서 어린이들과
같이 되지 않으면 절대로 하늘나라에
들어가지 못할 것이다. (마 18:1-5)

열린 창문을 통해

생각을 바꾸지 않으면

천국에 들어갈 수 없다고 말씀하시는 주님,

어린이처럼 되지 않으면

하늘나라에 입장할 수 없다고

단호하게 말씀하시는 주님,

어떻게 하면 생각을 바꿀 수 있을까요?

어떻게 하면 어린이처럼 될 수 있을까요?

고리타분한 생각은 새롭게,

비뚤어진 생각은 곧바르게,

부정적인 생각은 긍정적으로

바꾸게 해 주소서

생각을 바꿈으로써 마음이 바뀌고
눈이 밝아져서
있는 그대로 보게 해 주소서
위로 열린 창문을 통해
하늘나라를 우러러보게 해 주시고
옆으로 열린 창문을 통해
형제들을 보게 해 주시며
안으로 열린 창문을 통해
자신을 들여다보게 해 주소서

주님,
겸손한 어린이의 마음을 닮게 해 주셔서
남을 밀어 제치고
앞으로 나서지 않게 해 주소서
어버이에게 온전히 의존하는 어린이처럼
철저한 맡김의 삶을 살게 해 주소서
형제의 잘못을 용서하고
그 자체를 잊어버리는 어린이처럼
너그러운 마음을 지니게 해 주소서

거짓말을 할 줄 모르는 어린이같이
참말만을 하며 살아가게 해 주소서

언제나 가장 명확한 대답을 해 주시는 주님,
하늘나라에서는
누가 가장 큰 사람이냐고
어리석게 묻는 제자들에게
당신은 거침없이
어린이라고 말씀하셨습니다
오늘도 지금 여기에서 말씀하십니다
정말 그렇습니다
그런데 저희들은
어린이의 가장 어린이다운 특징
눈길의 방향을 잘못 잡고 있습니다
어린이의 기대는 위를 향해 열려 있습니다
당신께서는 어린이의 잔을
위로부터 채워 주십니다
자기 잔에 부어진 것을
어린이는 단 한 방울도 흘려 버리지 않습니다

어른은 아래쪽을 업신여기듯 내려다봅니다
당신께서 주신 잔을 비워 버리고
세상 것으로 잔을 채워갑니다
어른이 만들어 낸 다른 것을
당신께서 주신 잔에 집어넣겠다는
엉뚱한 욕심을 부리며 살아갑니다
오 주님,
가난한 마음으로 어린이처럼
자신을 낮추어
마음의 문을 활짝 열고
당신에게서 내려오는
빛을 받게 해 주소서

어린이를 사랑하신 주님,
당신께서는 어린이들이 당신께 오는 것을 환영하시고
따뜻한 가슴에 포근히 안아 주셨습니다
'이 어린이 하나'를 보배처럼 여기시고
손을 얹어 기도해 주시며
당신의 통념을 깨뜨리셨습니다

당신이 어린이를 받아들이심은

어린이의 티없음과 해맑음

그리고 무사심을 배우라시는 뜻이었겠죠?

그러나 주님,

저희는 너무 때가 묻고

지저분해진 어른이 되었습니다

순결하고 깨끗한 어린이로

돌아가고 싶습니다

쉽게 용서하고 빨리 받아들이는 어린이 모습을

다시 지니게 해 주옵소서

어린이를 환영하신 주님,

이런 어린이가 되고 싶습니다

마음의 창으로 세상을 보는 어린이,

마음의 귀로 말씀을 듣는 어린이,

마음의 사랑으로 뿌리를 내리는 어린이,

마음의 언어로 대화를 하는 어린이,

'그 어린이 하나'가 되고 싶습니다

듣고 싶은 말만 건성 듣고

머리 굴려 요리조리 계산하고
화려한 언어로 거짓을 심고
사랑 없는 메마른 표정을 짓는
성인성을 벗어나고 싶습니다
주님, 쉽게 다가가고
넓게 마음을 여는 어린이 모습을
다시 갖도록 도와 주소서

어린이다움을 회복하라시는 주님,
산만해지고 집중력 없어진 어른들인 저희는
어린이다움을 완전히 잊어버렸습니다
소유를 위해 영원을 상실했습니다
즐거움을 얻기 위해
주님, 당신을 잃었습니다
명예와 돈을 위해
하늘나라를 잃었습니다
이제 위를 바라보되
세상을 곁눈질하느라
눈길을 흐트러뜨리는 일 없는

어린이다움을 간직하게 해 주소서
객관적이며 선입견에 사로잡히지 않은
어린이의 눈을 가지게 해 주소서

삼위 하나님의 영광을 볼 수 있는
투명한 눈을 갖게 해 주소서
그리하여 가장 좋은 것을 선사하시는
당신의 손으로부터
모든 것을 받아들이게 해 주소서
어린이처럼 당신을 위한 것 모두를
사랑 가운데 긍정하게 해 주소서
움켜쥐려고만 하지 않고
형제들에게 나누어 줄 만큼
마음이 열려 있는
어린이다움을 간직하게 해 주소서　†아멘

♣ 아이들아, 건전한 지혜와 분별력을
　　모두 잘 간직하여 너의 시야에서
떠나지 않게 하여라. (잠 3:21-24)

아름다운 목걸이

주님,

당신께 한 가지

여쭙고 싶은 것이 있습니다

지혜는 타고나는 것인가요,

훈련으로 얻어지는 것인가요?

세상살이에서 가장 필요한 것이

지혜인 것 같은데요

뭘 좀 안다고 해서

무턱대고 그 앎을 능력삼을 수 없어 당황합니다

순간순간 효율적으로 적용하고

시비선악을 잘 가려 내는 슬기,

그것은 배워서 되는 게 아니라는 생각이 듭니다
솔로몬은 당신께
지혜를 주십사 따로 구하지 않았어요?
분명 지혜는 부귀영화보다 값진 것입니다
삼가 애원합니다
지혜라는 아름다운 목걸이를
제 목에 걸어 주십시오

주님,
다시 당신께
한 가지 여쭤 보고 싶습니다
분별력은 타고나는 것인가요,
경험에 의해 얻어지는 것인가요?
정확한 지식 그리고 건전한 지혜를 얻고 나면
마땅히 따라오는 것인가요?
당신 뜻대로 사는 길에서
넘어지지 않으려면
분별력이 필수적인 것 같은데요
알아서 옳고 그른 것,

좋고 나쁜 것 가려 내는 능력,
그 식별력을 지녀야 판단할 수 있으니 말입니다
살아가면서 선택할 일들 투성이인데
갈래길에서
분별력 없어 길을 잘못 들어선 다음
귀한 시간 낭비하고
숱한 노력 거품 만들며
온갖 재물 다 날리기 일쑤입니다
발을 헛디뎌 복이 화가 되고
온갖 고초 겪으며 인생길을 걸어갑니다
주님, 분별력이라는 아름다운 목걸이를
제 목에 걸어 주십시오

주님, 하오나,
만일 이 지혜와 분별력이
경험으로도 연륜으로도
얻어지는 게 아니라면 어떡하죠?
얕은 꾀는 싫습니다
잔머리 굴리는 불건전한 속임수는

결코 원하지 않습니다
누가 가르쳐 주지 않아도
저절로 터득되는 지혜를 얻고 싶습니다
지혜의 원천이신 당신으로부터
보물처럼 쏟아지는 천상의 지혜를
받고 싶습니다

토요일마다 저에게 오는 한 아기,
그에게서 저는 당신의 지혜를 봅니다

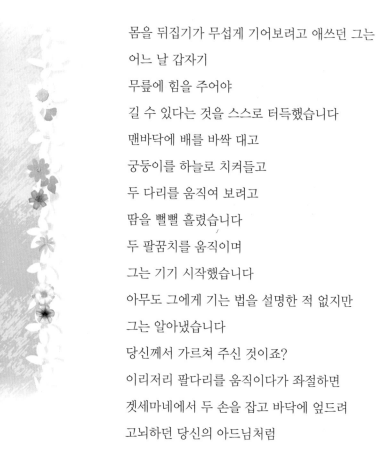

몸을 뒤집기가 무섭게 기어보려고 애쓰던 그는

어느 날 갑자기

무릎에 힘을 주어야

길 수 있다는 것을 스스로 터득했습니다

맨바닥에 배를 바싹 대고

궁둥이를 하늘로 치켜들고

두 다리를 움직여 보려고

땀을 뻘뻘 흘렸습니다

두 팔꿈치를 움직이며

그는 기기 시작했습니다

아무도 그에게 기는 법을 설명한 적 없지만

그는 알아냈습니다

당신께서 가르쳐 주신 것이죠?

이리저리 팔다리를 움직이다가 좌절하면

겟세마네에서 두 손을 잡고 바닥에 엎드려

고뇌하던 당신의 아드님처럼

두 손바닥에 머리를 박고

고민하는 젖먹이 아기를 바라보며

모두 둘러서서 박장대소했지만

전 아기의 지혜,
당신이 주신 지혜를 발견하고
감탄의 혀를 내둘렀습니다
아, 일생 동안 꼭 걸고 살아야 할
목걸이 하나,
지혜라는 아름다운 목걸이,
그것을 저에게 주십시오 †아멘

♣ 자녀이신 여러분, 주 안에서
　여러분의 부모에게 복종하십시오.
　이것이 옳은 일입니다. (엡 6:1-3)

예, 그렇게 하겠습니다

한결같은 사랑으로
키워 주시는 아버지 하나님,
넘치고 넘치는 사랑과 은혜에 감사합니다
마음과 정성과 뜻과 목숨을 다하여
아버지 하나님을 사랑하라고 가르치셨건만
저희들은 그 첫째 계명도 지키지 못하여
날마다 당신께 송구스러울 따름입니다
그러하오나 저희들을 향하신 당신의 사랑이
얼마나 넓고 높고 깊은지
저희의 측량줄이 짧아서
이루 다 헤아릴 길 없습니다

오직 한 분이신 당신만을 섬기며

온갖 우상들을 타파하고

멀리할 수 있는 은혜를 주시옵소서

오 사랑의 아버지 하나님,

당신 말씀에 순종하여

당신을 즐겁게 해 드리고 싶습니다

이 마음의 소원을 이루어 주옵소서

사랑과 은혜를 퍼부어 주시는 아버지 하나님,

당신께서 선택하여

부모로 섬기게 해 주신 관계 속에서

보이지 않는 당신을 만나고 싶습니다

"네 부모를 공경하여라." 하신 약속이 붙어 있는

그 계명만은 지키게 해 주소서

효는 당신의 절대명령임을

확실하게 알고 있습니다

그 계명을 잘 지키는 사람은 복을 받고

땅에서 장수하리라는 상급 때문이 아니라

낳아 주시고 양육해 주신 어버이에게

사랑의 의무를 다하고 싶어서입니다

사랑의 공동체, 가족공동체를 주시며
어머니라, 아버지라,
딸이라, 아들이라 이름붙이시고
풍요로운 삶을 살게 해 주시는
하나님 아버지, 감사합니다
웃음꽃이 만개하는 식탁 둘레에
며느리다, 사위다,
손녀다, 손자다 앉히시고
할머니 할아버지를 공경하도록 가르쳐 주시는
하나님 아버지, 감사합니다

들어라, 지켜라,
서로 사랑하라,
감사하라, 이해하라,
남의 짐을 져 주라,
신신당부하는 부모 밑에서
"예, 그렇게 하겠습니다."

오직 복종으로만 행하도록
일깨워 주시는
하나님 아버지, 감사합니다

육의 부모를 여읜 사람에겐
영의 부모를 주시고
육의 자녀가 없는 이들에겐
믿음의 자녀를 낳게 하시며
그리스도 안에서 온세계가 하나되도록 하시는
하나님 아버지, 감사합니다

육의 부모와도, 영의 부모와도
함께 살고 있지 못한 자들에겐
당신 스스로 자비로우신 아버지,
자애로우신 어머니 되시어
애정결핍을 치료 받고
보다 더 끈끈한 가족애를
체험하게 하시는
하나님 아버지, 감사합니다

성령 안에서 하나되게 하시고
성자의 피로 더욱 한 몸 이루게 하시며
서로 돕고 힘을 모아
거룩한 신앙공동체를
형성하도록 해 주시는
하나님 아버지, 감사합니다

간절히 소망하오니
온 인류가 당신 안에서
가족관계를 맺고
평화와 행복을 누리며
어머니의 마음으로 영원토록
서로서로를 품고
사랑하게 해 주소서 † 아멘

♣ 저속하고 헛된 꾸며낸 이야기들을 물리치십시오. 경건함에 이르도록 몸을 훈련하십시오. (딤전 4:7-10)

영혼의 군살빼기

그리스도 예수여, 나의 주여,

당신의 일꾼으로서

저는 낙제점수는 안 맞고 있나요?

좋은 일꾼이 되고 싶은데

아직도 훈련이 부족합니다

몸 훈련을 전혀 못하고 있고요

경건훈련도 당신의 기준에는 함량미달입니다

시키시는 일만 하는 순종의 자세는

예전보다 좀 개선되었지요

그러나 전 일단 멈춤이 없습니다

제 몸에서 삐그덕 소리가 크게 들릴 때까지

몸을 지나치게 부려
제 몸의 지체들이 반란을 일으키며
일제히 들고 일어납니다
하루에 단 3분도 운동을 할 시간이 없습니다
오직 노동자로만 살고 있습니다

나의 주여,
어쩌다 사람들 모인 곳에 가면
매일 두 시간씩 걷는 이야기
일 주일에 세 번 등산하는 이야기
정구, 수영, 골프,

하다못해 러닝머신 위에서

뜀박질한다는 화제만 무성합니다

저는 유구무언입니다

그런데 운동을 규칙적으로 하는 사람들보다

제가 더 안 늙었다는 것이

모두의 의문점입니다

무슨 운동을 하기에

청춘으로 돌아가느냐고들

제게 묻습니다

저는 부끄러워 고개 숙이고 있다가

'영혼의 군살빼기' 라고 말하며

화제를 다른 곳으로 돌립니다

제가 하루에 가장 오래

시간을 내어 놓는 때가

당신을 만나는 시간이지요

광신자로 왕따당할까 봐

우물쭈물 대답을 회피하지만

당신께서 청춘의 은총을 주신 것

감사드리며 자랑합니다

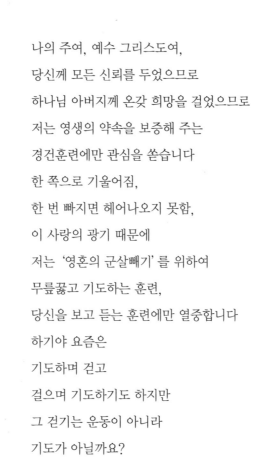

나의 주여, 예수 그리스도여,
당신께 모든 신뢰를 두었으므로
하나님 아버지께 온갖 희망을 걸었으므로
저는 영생의 약속을 보증해 주는
경건훈련에만 관심을 쏟습니다
한 쪽으로 기울어짐,
한 번 빠지면 헤어나오지 못함,
이 사랑의 광기 때문에
저는 '영혼의 군살빼기'를 위하여
무릎꿇고 기도하는 훈련,
당신을 보고 듣는 훈련에만 열중합니다
하기야 요즘은
기도하며 걷고
걸으며 기도하기도 하지만
그 걷기는 운동이 아니라
기도가 아닐까요?

움직이기 싫어하는 딸들은
집 안 복도에서 줄을 서서 걷습니다

새벽엔 남편이 정구장으로 가고
밤에는 아들이 집을 돌며 뜁니다
모두 몸의 군살을 빼기 위한 작전입니다
나의 주여,
저들이 들을 수 있도록
크게 말씀해 주시렵니까?
"얘들아, 영혼의 군살부터
빼야 하지 않겠느냐?" †아멘

♣ 나의 형제 자매 여러분, 여러분은 선생이
되려고 하는 사람이 많아서는 안 됩니다.
여러분이 아는 대로, 가르치는 사람인 우리가
더 큰 심판을 받을 것입니다. (약 3:1-2)

그 날까지 배우게 하소서

주님,

당신 말씀대로 지도자는 오직 하나님뿐,

아버지는 오직 하늘에 계신

하나님 한 분뿐,

스승은 다만 한 분

그리스도뿐이심을 믿습니다

그러나 저희는 인사 받기를 좋아하고

대접 받는 것을 기뻐하며

스승 소리를 듣고 행복해합니다

언제쯤 낮아지며

얼마나 더 있어야 비워지며

얼만큼 더 기다려야 자신을 낮추어
섬기는 자가 될 수 있겠습니까?
나의 주님,
아버지 집으로 가는 그 날까지
어린아이처럼 배우게 해 주옵소서

주님,
야고보 사도의 말대로
가르치는 사람이 배우는 사람보다
더 엄중한 심판을 받게 되겠죠?

두렵고 떨립니다

확실히 알지 못하는 것을

너무 자신만만하게 주장했던

지난 날의 일들이 떠올라서요

저희는 완전하게 아는 것도 없고

잘할 수 있는 것도 없으면서

배우려고는 하지 않고

가르치려고만 듭니다

이 세상은 온통 선생들로 가득차 있습니다

겸손하게 배움으로써

더 많이 알려 하지 않고

서 푼어치도 안 되는 지식을 과시하며

선생이 되려고 한 죄 때문에
마음이 자꾸 아파집니다

주님,
그런가 하면 저희는
반드시 가르쳐야 할 때는 입을 다뭅니다
올바르게 지적해 주고,
충고와 권면을 하는 일로
비난 받을까 두려워서
잘못 걷는 아이들에게 듣기 좋은 말만 하며
그들을 오히려 죄에 빠뜨리는
이중의 죄를 지었습니다
듣기는 빨리 하고
말하기는 더디 하게 해 주시고
남의 말을 다 듣기도 전에
속단하고 단죄하지 않도록 도와 주옵소서

아, 나의 주님,
검증하지도 검증 받지도 않은 내용을

절대진리인 양 우기고 강요한

과거의 죄들이 생각나서 두렵고 떨립니다

곧 정정하여 자신의 잘못을

뉘우치지 않은 악의 순간들이

줄줄이 기억나서 두렵고 떨립니다

저희가 꼭 가르쳐야 할 입장이 될 때는

온유함으로 가르치게 해 주시고

저희를 반대하는 적대자들에게서도

배우게 해 주옵소서

당신의 제자로서 품위 있게

모든 이에게서 배우며

침묵하게 해 주옵소서   †아멘

♣ 내가 진정으로 진정으로 너희에게
말한다. 밀알 하나가 땅에 떨어져서
죽지 않으면 한 알 그대로 있고, 죽으면
많은 열매를 맺는다. (요 12:20-26)

터질 듯한 생명

참 생명이신 주님,

당신은 언제나 만개한 생명이십니다

당신은 영원히 시들지 않는 생명이십니다

모든 능력이 들어 있는 생명이십니다

당신의 충만은

생명 자체이시므로

듣기만 해도 흘러넘치는 힘을 느낍니다

볼 수 있을 때는 저희도

당신의 생명에 참여하게 됩니다

저희에게 그 터질 듯한 충만한 생명을

나누어 주시옵소서

주님, 하오나,
당신이 말씀하시는 생명은
온전한 죽음을 통해서만
얻을 수 있는 것임을 알고나서부터
저희는 번민합니다
살고만 싶어하지
죽기는 싫어하기 때문입니다
죽음의 고통을 인내할 용기와
믿음이 없기 때문입니다
생긴 대로 살아가겠다는
씁쓸한 체념과 포기가
어느새 고개를 들고 있기 때문입니다
당신께서 몸소 돌아가심으로써
죽음의 실재를 보여 주셨고
저희는 상징으로만
죽음의 행위에 참여하도록 해 주셨건만
그 상징적 행위조차도 자신없다며
뒤로 물러서려고 합니다
죽어서 얻는 참 목숨을

누리게 해 주시옵소서

부활생명의 초록을 먹이시는 주님,
저희는 당신 부활의 선물인
초록생명을 먹으며
마냥 생명의 신비를 노래합니다
한 조각 융단처럼 깔린
초록 들판을 바라보며
완벽하게 들여 놓으신
초록 물감에 경탄합니다
땅 밑으로 뿌리내리고
땅 위로 싹이 올라오는
자연의 자기충실을 배웁니다
서로 충돌하지 않고
제자리를 성실하게 지키는
자연의 순응과 화목을 배웁니다
해마다 이맘때엔 신록을 거듭하는
대자연의 침묵에서
생명의 신비를 배웁니다

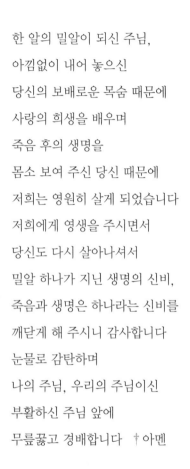

한 알의 밀알이 되신 주님,

아낌없이 내어 놓으신

당신의 보배로운 목숨 때문에

사랑의 희생을 배우며

죽음 후의 생명을

몸소 보여 주신 당신 때문에

저희는 영원히 살게 되었습니다

저희에게 영생을 주시면서

당신도 다시 살아나셔서

밀알 하나가 지닌 생명의 신비,

죽음과 생명은 하나라는 신비를

깨닫게 해 주시니 감사합니다

눈물로 감탄하며

나의 주님, 우리의 주님이신

부활하신 주님 앞에

무릎꿇고 경배합니다 ✝아멘

♣ 야곱은 잠에서 깨어서, 혼자 생각하였다.
"주께서 분명히 이곳에 계시는데도,
내가 미처 그것을 몰랐구나." (창 28:10-19)

네가 어디를 가든지

"나는 네 곁을 떠나지 않으리라."
말씀하신 야곱의 하나님,
당신은 그의 선조들에게 약속하신 그대로
다 이루어 주실 때까지
함께하마 말씀하셨습니다
그 말씀 하나로 야곱은 위로와 힘을 얻고
당신의 현존 안에서
경외심을 가졌습니다
하오나 저희는 얼마나 경박스러운지요!
당신의 임재를 느끼지도 못하고
당신의 영광을 감지하며

두려워할 줄도 모릅니다

당신께서 계시는 곳은

어디나 거룩한 곳이요,

당신께서 사시는 곳은

어느 곳이나 하늘나라임을

확신하게 해 주옵소서

당신의 집은 사람들이 사는 곳에 있고

당신은 사람들과 함께 계셔서

하나님이 되마고 약속하신

그 새 땅, 새 하늘이

바로 여기 오늘

세워지게 해 주옵소서
어디에서든지 당신의 현존을 체험하며
경외하는 마음으로
제단을 쌓게 해 주옵소서

어디를 가든지
지켜주시겠다고 말씀하신 야곱의 하나님,
당신은 그의 조상들에게 내려 주신
번성의 축복을 거듭 약속하시며
끝까지 동행하마 말씀하시니
그 말씀 하나로
야곱은 용기와 자신을 얻고
당신의 현존 앞에서 경외심을 가졌습니다
하오나 저희는 당신 말씀을
얼마나 소홀히 여기는지요!
하나님의 임재가
조상들이 경건하게 예배드리던
제단에서뿐만 아니라
불안과 고독과 피곤

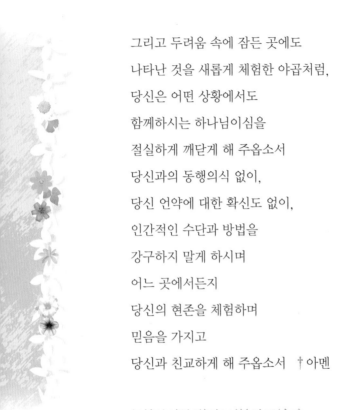

그리고 두려움 속에 잠든 곳에도
나타난 것을 새롭게 체험한 야곱처럼,
당신은 어떤 상황에서도
함께하시는 하나님이심을
절실하게 깨닫게 해 주옵소서
당신과의 동행의식 없이,
당신 언약에 대한 확신도 없이,
인간적인 수단과 방법을
강구하지 말게 하시며
어느 곳에서든지
당신의 현존을 체험하며
믿음을 가지고
당신과 친교하게 해 주옵소서   †아멘

♣ 나에게는 이 우리에 속하지 않은
♣ 다른 양들이 있다. 나는 그 양들도
이끌어 와야 한다. (요 10:14-16)

자주 우리를 떠나

미련한 양떼인 저희들을 위해
하나밖에 없는 목숨을 송두리째 내놓으신
착한 목자이신 주님,
당신은 목숨을 내놓으시는 길 이외에는
인류구원을 위한
다른 방도가 없음을 아셨습니다
당신은 착한 목자이실 뿐만 아니라
아름다우시고 사랑이 많으시며
지혜와 능력이 넘치시는 목자이십니다
양떼의 이중의 위험을 막아 주신
진실로 선한 목자이십니다

밖으로는 세상의 이리와 도둑
안으로는 삯꾼목자들의 위협에서
끊임없이 보호해 주십니다
그러나 저희들은
너무 자주 우리를 떠나 당신을 애태우게 하며
방황하다 지친 후에나 돌아오곤 합니다
이 어리석은 양들을 굽어 보시고
용서해 주시옵소서
그 귀한 목숨을 바치셔서
저희 몸값을 치르시는 사랑을
영원히 기억하게 해 주시옵소서

착한 목자이신 주님,
당신은 목숨을 버리시는 길밖에는
저희를 구원하실 다른 길이 없음을 아셨습니다
당신의 뜻은 아버지의 뜻과 일치했습니다
양들을 위해 죽는 일,
그것이 바로 아버지가 바라시는
뜻의 성취였습니다

그 뜻에 당신을 내맡기심으로써
이 죄많은 인간들에 대한
하나님의 사랑을
몸소 드러내 보이셨습니다
하나님 아버지의
유일한 계시자이신 당신은
아버지의 명령에 복종하는 승리를 위해
당신의 목숨을 버리셨습니다
그러하오나 저희들은 형제를 위하여
시간, 물질, 정성, 그 어느 것도
기꺼이 바치지 못하는 고약한 자들입니다
용서해 주시옵소서

그 보배로운 생명을 희생하셔서

속량물로 내놓으신 사랑을

영원토록 기억하게 해 주시옵소서

누가 목숨을 빼앗은 것이 아니라

자원해서 내놓으신 사랑임을

깨닫게 해 주시옵소서 † 아멘

♣ 나는 에브라임에게 걸음마를 가르쳐
주었고 내 품에 안아서 길렀다.
죽을 고비에서 그들을 살려 주었으나 그들은
그것을 깨닫지 못하였다. (호 11:1-4)

죽을 것을 살려 주었지만

아, 하나님,

제가 어린아이일 때에

저를 이집트에서 불러 내셨죠?

철 몰라 죄의 웅덩이에 빠져 있을 때

사랑의 줄을 늘어뜨리셔서

그것을 붙들고 웅덩이에서 빠져나오게 하셨죠?

당신께서 죽음에서 건져 내신 것을 기억합니다

그러나 철들면서

당신에게서 멀리 떠나갔습니다

당신께서 부르시면 부르실수록

더 멀리 떠나가며

또다시 이집트로 돌아갔습니다
이제 출애굽의 의미를 묵상하며
당신께로 돌아와 무릎꿇습니다
오, 하나님
아직도 출애굽하고 있는 저희를
불쌍히 여겨 주십시오

죄의 구렁에서 살려 내실 때는
당신과 관계를 맺자시는 초청이셨죠?
그러나 저희들은 구출된 다음에는
맡겼던 보퉁이를 다시 달라며
당신을 외면했습니다

길을 보여 주시며
손을 잡아 한 걸음씩
걸음마를 배우도록 하셨으나
세상길로 줄달음질 친 저희들은
당신 길을 보지 못했습니다
당신의 사랑을 묵살하고
그 품을 뛰쳐나가
몸소 보호하심을 뿌리쳤던 저희를
어찌하여 다시 품에 안으셨습니까?
생명을 주시고 사랑으로 인도하셨습니까?
끝없이 방황하다가
당신이 내려뜨리신 사랑의 줄을 보고
간신히 달려왔습니다
허리를 굽혀 입에 먹을 것을 넣어 주시며
젖먹이처럼 돌보아 주신 당신 사랑을
기억하게 해 주십시오

하나님,
죄에서 구해 내신 그 크신 사랑을

까맣게 잊어버린 저희는
무보답, 무감사, 무감각으로
완전히 마비되었습니다
방황하던 옛 악습을 뿌리째 뽑지 않아
때로 불러도 대답하지 않고
무반응으로 당신을 괴롭히고 있습니다
올바른 대상을 섬기지 못하고
섬겨서는 안 될 다른 대상을 선택하여
죄를 보태어 짓고 있습니다
무식하고 무지한 저희를
불쌍히 여겨 주십시오
다시는 당신을
모른다고 잡아떼지 말게 해 주십시오 †아멘

♣ 세상을 이기는 사람은 누구입니까?
　　　예수께서 하나님의 아들이심을 믿는 ✳
사람이 아니겠습니까? (요일 5:1-5)

이기고야 말 거예요

세상을 이기신 주님,
당신은 세상에 오실 때부터
아버지께로 돌아가신 그 시간까지
세상을 이기시며 사셨습니다
그러나 저희는
세상의 공격에서 늘 패배합니다
온갖 시험에서 넘어집니다
저희가 승리해야
당신이 승리하시는 것인데
실패하면서도 다시는 실패하지 않으리라
다짐하지 못했습니다

세상을 이기는 믿음을 주시는 주님,
당신께서 하나님의 아들이심을 믿습니다
당신을 그리스도로 믿고 모셔들입니다
그러나 입으로는 당신을
하나님의 아드님으로 고백하면서도
세상에 나가면 그 사실을 잊어버리고
이기지 못하여 넘어집니다
시련 중에 당신을 바라보지 않고
세상의 도움을 구하다가 엎어집니다
당신께서 사람의 몸을 입으시기 위해서
하늘나라의 영광을 버리심을 생각하며
이 세상의 모든 유혹을
이겨 내도록 도와 주소서

세상을 승리하는 믿음을 주시는 주님,
말로는 당신을 그리스도로 믿고 받아들이면서도
때때로 당신 없는 삶 속에서
쉽게 절망하고 고푸라집니다
질병과 슬픔, 고통과 역경 속에

당신 없는 해결을 구하다가

수없이 실패합니다

최후의 승리를 믿는 불멸의 희망은

당신께로부터 오는 것이며

하나님의 생을 사는 것,

그것만이 저희를 죽음에서 구할 수 있음을

확신하게 해 주소서

당신을 제 안에 모시고 당신의 승리를

제 승리로 받아들이게 해 주소서 † 아멘

♣ 그는 경건한 사람으로 온 가족과
더불어 하나님을 두려워하며, 유대백성에게
자선을 많이 베풀며, 늘 하나님께
기도하는 사람이다. (행 10:1-8)

쾌활명랑이 등불되어

우리 집의 주인이신 주님,
당신께서 보이시지 않을 때도
당신을 주인으로 모십니다
우리 집의 머리이신 주님,
당신은 교회의 머리이실 뿐만 아니라
교회 안의 작은 교회인
저희 가정의 머리 되시오니
저희를 지체 삼아 주시옵소서

우리 집의 평화이신 주님,
당신을 모실 때에 저희 집엔

다툼이 없어집니다
우리 집의 기쁨이신 주님,
당신이 저희를 지배하실 때
저희의 삶은 온통 기쁨뿐입니다
저희 가정에 영주하시옵소서

우리 집의 행복이신 주님,
당신과 함께할 때 저희는 행복만을 맛봅니다
정직이 주춧돌 되고 단정함이 실내장식 되며
애정이 난방장치요

쾌활명랑이 등불됩니다

근면함이 환풍기되어

날마다 공기를 청정하게 합니다

당신의 은총과 사랑이

사면 벽이 됩니다

과연 그렇습니다, 주님,

당신의 은총과 복이 없다면

저희는 단 한 순간도 행복할 수 없습니다

당신의 말씀으로 집을 짓고

성령의 빛으로 창문 달고

성부의 사랑으로 기둥을 세우는
행복한 가정 되게 해 주시옵소서

우리 집의 스승이신 주님,
당신은 말씀으로, 사건으로,
질병으로, 고통으로, 날마다 가르치십니다
대화를 이끄시고 감화를 주시며
당신의 뜻을 알게 해 주시고
하늘나라의 거룩을 심어 주십니다
오, 주님,
마음으로 하나되고, 기도로 일어서며
섬김으로 행복을 구가하며, 당신을 경외하는
거룩한 가정 되게 해 주시옵소서 †아멘

♣ 젊은이 여러분, 내가 여러분에게
이 글을 쓰는 까닭은, 여러분이 강하고
하나님의 말씀이 여러분 안에 있어서,
여러분이 그 악한 자를 이겼기 때문입니다.
(요일 2:12-14)

당신 팔은 어쩜 그토록

아직도 사랑의 팔을

거두지 않으신 주님,

당신의 긴 팔이

저희를 항상 잡고 계셔서

당신이 주도하시는 새 가정단에서

벗어나지 않도록 해 주심을 감사드립니다

성부 하나님의 뜻을 실천하는 자들을 모아

새로운 '예수가정단' 으로 만드시고

당신의 피로 죄 씻김 받아

구원의 입문으로 인도받게 하심을

진심으로 감사드립니다

혈연 중심으로만 살고 있던 저희에게는
엄청난 감격으로 다가온 '예수가정단' 입니다
소속된 기쁨을 감추지 못하며
새록새록 살 맛을 느낍니다
성도 이름도 성격도
혈통도 다른 사람들이

오직 그리스도의 십자가의 사랑 안에서
부모 형제 자매를 이룰 수 있도록
가정의 범주를 넓혀 놓으신
형언할 길 없는 은혜를 감사합니다
당신 팔은 어쩜 그토록 기신지요!

사랑 자체이신 주님,
당신은 과연 사랑이십니다
십자가의 죽음을 통하여
저희의 죄를 용서해 주시고
아버지의 사랑이 얼마나 크옵신지
알도록 해 주심을 감사합니다
천지창조 이전부터 계시고
영원무궁토록 살아 계실
당신을 아는 지식을 통하여
선한 싸움을 하게 하심을 감사합니다
오직 사랑으로 기르시고
마침내 당신과 하나되게 하실
구원계획을 더 확실히 알도록
도와 주시옵소서

사랑이 충만하신 주님,
당신은 진실로 사랑이십니다
하나님나라를 가르쳐 주시고
떠나가신 후 성령을 보내 주셔서

정의가 무엇인지

알아듣게 해 주시니 감사합니다

당신께서 죽으시고 부활하시어

악마를 이겨 내심으로써

저희도 악마와 대적할

능력을 주시니 감사합니다

오직 구원의 투구를 쓰고

믿음의 방패를 잡고

성령의 칼을 쥐고

악한 영과의 전투에서 승리하여

마침내 당신의 참 자녀 되게 해 주시옵소서

✝ 아멘

♣ 아브라함은, 하나님께서 이삭을 죽은
  사람들 가운데서도 되살리실 수 있다고
생각하였습니다. 그러므로 비유하건대,
  아브라함이 이삭을 죽은 사람들 가운데서
되받은 것입니다. (히 11:17-19)

물려주고 싶은 것

주님,

아버지께서 완전하심같이

저희도 완전하기를 원하신다고요?

죄악덩어리인 저희에게

완전할 수 있다는

가능성을 심어 주시며

큰 용기를 불어넣어 주시오니

진심으로 감사드립니다

모든 것 위에 계시고

온갖 존귀와 영예를 받으시기에 합당하신 당신께

영광과 찬양을 돌려드립니다

주님, 적은 가능성만 보여도

"넌 잘 할 수 있다"고 추켜세우시며

큰 능력을 부어 주시고

그 능력에 힘입어 일을 끝내고 나면

"참 잘했다"고 칭찬하시며

마치도 제 힘으로 한 것처럼

말씀해 주시는

당신의 사랑에 감사를 드립니다

생각해 보면 지금까지 살아오면서

이뤄진 모든 일들의 과정이 그러했습니다

아버지와 함께 당신께서

동기를 부여하시고

계획대로 밀어 주시며

일을 완성시켜 주시는 동안

끝없이 격려해 주셨습니다

모든 관계 안에서

삶을 아름답게 이끌어 가도록

큰 은혜를 베풀어 주셨습니다

감사하옵고 감사합니다

주님,

다시 사셔서 저희에게

부활의 영광을 누리게 하신 주님,

당신의 부활로 말미암아

저희는 천상의 영광이 무엇인지

짐작하게 되었습니다

하늘나라에 본향이 있다고

힘 주어 말하면서

이 땅의 나라가 끝인 양 살아온 것을

용서해 주소서

이 세대의 무모성과 죄악성을 개탄하면서도

몸소 본이 되지 못했습니다

오히려 어른의 약점을 드러냈습니다

어른으로서 어른답게

믿음의 순례길에

앞장서게 해 주소서

하나님 중심의 삶,

천국위주의 삶을 살아가는

보배로운 신앙유산을

젊은 세대에게 물리게 해 주소서

부활의 영광을 누리게 하시는 주님,

저희는 죽은 후 심판을 받고

다시 살아난다고 가르치면서

결코 죽지도 않고

심판도 받지 않을 사람처럼

마구 살아왔습니다

용서해 주소서

이 땅에서도 죄에 죽고 세상에 대해 죽어야

그리스도와 함께

부활하는 삶을 살 수 있음을

몸소 증거하게 해 주소서

보배로운 신앙유산을

젊은 세대에게 물리게 해 주시며

부활신앙을 확고히 심어

존재의 변형을 이루게 해 주소서   † 아멘

♣ 우리는 하나님이 우리에게 베푸시는
사랑을 알았고, 또 믿었습니다.
하나님은 사랑이십니다. 사랑 안에 있는
사람은 하나님 안에 있고 하나님도
그 사람 안에 계십니다. (요일 4:16)

사랑하다하다 타버린 후엔

하나님, 나의 하나님,

당신은 사랑이십니다

당신 안에 있을 때는

저도 사랑이 됩니다

그러나 사랑 자체이신 당신과

어쩌다 한 번 사랑이 되는 저는

하늘과 땅 차이입니다

그런데 그 하늘을

이 땅 가까이로 내려오게도 하시고

이 땅을

그 하늘까지도 올라가게도 하시니

당신은 진정 위대한 사랑이십니다

하나님, 나의 하나님,
오늘 당신께 아뢸 것이 있습니다
귀 좀 빌려 주십시오
"당신을 진심으로 사랑합니다."
사랑이 말이 되면
이미 사랑이 아니라 했지만
당신을 열렬히 사랑한다고 고백합니다
사랑하는 법도 모르는 저이지만
무턱대고 사랑합니다
애주가들의 경우처럼
처음엔 사람이 술을 마시지만
나중엔 술이 사람을 마시듯
제가 당신을 사랑하는 게 아니요,
사랑이 사랑을 하는 것일지도 모릅니다
물불 안 가리고 누가 뜯어 말려도
심장 찢고 넓적다리살이라도
베어드리고 싶습니다

하나님, 나의 하나님,
오직 한 분밖에 안 보여
사랑에 몰입하는 것 아닙니다
사람도 보고 사물도 보면서
여럿을 열정적으로 사랑합니다
그러나 당신을 가장 사랑합니다
모두 사랑함도 진실이요,
당신을 첫째로 사랑함도 큰 진실입니다
당신과 저 사이에 생긴 자화에너지,
당신은 쉴새없이 저를 향해
사랑의 자석 하나 늘어뜨리시고
전 그 자석에 달라붙는 쇠붙이 되어
당신께서 힘껏 당기지 않으셔도
저 스스로 당신께로 갑니다
사랑하지 않고는 못배깁니다
사랑합니다, 하나님

하나님, 나의 하나님,
당신께 드리는 사랑은

풋내기 사랑이 아닙니다

진눈깨비 사랑도 아닙니다

어떤 모양의 사랑도

마다하지 않으시는 당신께

성숙한 사랑을 드립니다

절제하지 못하여 과잉정열이 돼도

당신은 제 사랑을 받아 주시며

기뻐하시지요

사람들은 도저히

제 사랑을 감당하지 못합니다

아시다시피 제 사랑은

뜨겁기만 하고 식을 줄 모릅니다

한 번만이 아니라 줄곧 계속됩니다

더 뜨겁게 하라고 부추기시는 당신께

불길같은 사랑을 드립니다

불꽃 이는 사랑을 바칩니다

사랑하다하다 다 타 없어진 후에도

재로 남아 사랑하렵니다

재가 모두 날라간 다음엔

없음으로 사랑하렵니다   †아멘

♣ 주님, 내 입술 언저리에 파수꾼을
세우시고, 내 입 앞에는 문지기를 ✳
세워 주십시오. (시 141:3)

내 입에 문지기를 세워 주소서

침묵이 되신 주님,

말씀으로 오셨던 당신은

부활하신 다음

말씀으로 되돌아가셨습니다

대침묵, 영원한 침묵이 되셨습니다

이제 당신을 만나려면

제가 침묵이 되어야 합니다

그러나 언제 말씀하시고

언제 침묵하시는지 몰라

당신이 침묵하실 때 저는 말하고

당신이 말씀하실 때 저는 침묵으로 들어가

번번이 당신과 엇갈립니다
침묵으로 계실 때 영으로 지시해 주시고
말씀으로 오실 때 성령의 빛 안에서
듣게 해 주소서

침묵이신 주님,
당신은 사람이 되어 계실 때도
줄곧 침묵하셨습니다
진리를 깨닫지 못하는 사람들 앞에서
당신의 말씀을 이해하지 못하는
아둔한 제자들 앞에서
말문을 닫아 버리셨습니다
그런데 저는 이웃이 저를 오해하면
해명하기 위해 너무 많은 말을 합니다
변명하다가 시험에 들고
억울해서 언성 높이다가 죄를 짓습니다
이래저래 침묵하지 못하여
당신께로 들어가지 못합니다
당신이 언제 말씀하시고

어느 때 침묵하시는지
배워 알게 해 주소서

침묵으로 말씀하시는 주님,
당신은 숨어 계시며
깨어 있는 자만이 들을 수 있는
표징으로 당신 뜻을 알려 주십니다
그러나 저는 제 곁을 떠나신 줄 알고
맘 놓고 잠이 듭니다
하루 종일 떠들던 버릇이 있어
꿈에서도 잠꼬대하니
꿈으로 오셔서 말씀하시는
당신조차도 만나지 못합니다
제 입 언저리에 파수꾼을 세워 주셔서
헛된 말 하지 못하게 막아 주시고
제 입 바로 앞에 문지기를 세워 주시어
제게서 나가는 악한 말을 차단시켜 주소서
제 눈에도 문지기를 세워
졸음 때문에 눈 감기지 않도록

굳게 지켜 주소서

침묵으로 하나되길 원하시는 주님,
제가 고요와 평정으로 침묵을 만들지 못하면
당신과 하나되지 못한다고
말씀하시는 것인가요?
침묵은 입으로 하는 게 아니라
마음으로 하는 것임을 압니다
제 마음에 빙빙 둘러
문지기를 세워 주셔서
어떤 생각도 어떤 말도
미리 문지기들에게 물어 보지 않고는

함부로 마음으로 들어 오지 못하게
막아 주시옵소서

그러나 당신은 말씀하시겠지요
"많은 사람이 모인 곳,
떠들썩한 곳으로 가거라.
거기에서 그 시끄러운 사람들
가운데 머물면서도
마치 홀로 사는 사람처럼
이 세상에 존재하지 않는 듯 살아라
그것이 침묵이다." †아멘

'봄'이 '가짐'이어늘

하나님,

당신께서 예뻐하시는 한 여종에게서

작은 사진첩을 받아 열심히 훑어본 후

다시 그녀에게로 되돌려 보낸 적이 있습니다

그것을 가지라고 보낸 것이었는데

되돌아와 섭섭했노라고 편지가 왔습니다

제가 오히려 당황했습니다

월드컵 참가선수들과의 기념사진들이어서

제게는 별로 의미가 없었지요

사진을 보관할 자신도 없고

또 그것들이 제가 세상 떠난 후

불에 타서 없어지는 게 싫어서

돌려 보낸 것이었거든요

제 은사가 명절 때 보내는 선물을 사양하며

이제 물건을 정리하고

떠날 준비를 해야 한다고

말했던 내용이 기억납니다

그래도 정 보내고 싶으면

먹을 것이나 보내 달라고요

저도 똑같은 심경이어서

제 제자들에게 오래 간직해야 할 것은

절대로 보내지 말라고 부탁합니다

제 생각이 잘못된 것일까요?

하나님,

선물 고르기가 어렵습니다

너에게 꼭 필요한 것이 뭔지 모를 때

난처해집니다

그래서 어느 때는

소액환을 보내는데

그것도 삭막한 느낌이 듭니다
전 보는 것으로 만족합니다
일생 동안 보는 연습만 했습니다
밤하늘의 별들과 달,
해, 꽃, 나무, 구름, 하늘, 바다……
저는 나비를 잡는 것보다
나비가 나는 것을 봄으로써
즐거웠습니다
꽃을 꺾는 것보다
꽃을 바라봄으로 행복했습니다
반찬이 없을 때는
먹고 싶은 반찬을 마음으로 그리며
기쁘게 밥 한 공기를 먹습니다
가난뱅이이지만 저는 모든 것을 가졌습니다
죽은 사람 같으나 살아 있습니다
산 사람만이 볼 수 있으니까요

하나님,
더 못 가져서 공금을 횡령하고

섬긴답시고 사회복지시설 인가 받아

땅 투기하는 사람들을 보면

마음이 서글퍼집니다

후원자들을 속이고

섬기는 소외된 자들을 기만하고

당신을 속이는 자들은

보는 것이 곧 누리는 것임을

배우지 못해서 그런 거겠죠?

저 산 이 언덕

이 꽃 저 나무

저 밭 이 논

이 강 저 바다

눈에 보이는 것 모두

잠시 내 것임을 모르는 소치이지요

'봄' 이 '가짐' 이요

'봄' 이 '누림' 이어늘

왜 소유권을 손에 쥐어야 기뻐할까요?

하나님,

저는 무엇을 가질 자격이 없습니다
그래서 과분한 선물 받으면
비싼 것 좋아하는 이들에게 주고
저는 싸고 실용적인 것만 가집니다
그것조차 저보다 더 필요한 사람이 있으면
모조리 주어 버립니다
제가 누구에게 선물을 사 주고 싶은데
여유가 없는 날에는
눈물을 머금고 이렇게 합니다
뜨락에 핀 장미꽃 향기를 보냅니다

한 줄기 시원한 바람,

맑은 햇볕 한 올,

조가비 구름 몇 장을

편지에 실어 보냅니다

보름달을, 별떨기를 당장 보냅니다

당신이 지으신 것, 당신의 것을 보내고

생색은 제가 냅니다

하나님,

전 갖고 싶은 것이 없습니다

당신 한 분 모시고 사랑함으로 행복합니다

저는 결국 모든 것을

가지고 있는 것입니다 †아멘

천사들과 함께 흠모할

사도들이 직접 보는 앞에서

하늘로 오르신 주님,

당신의 승천을 기뻐하며

찬미와 존귀를 드립니다

저 높은 곳으로 오르신 엄위하신 주님,

끝간 데 없이 높은 곳을 올려다보며

찬양과 영광을 드립니다

저희도 믿음의 눈으로

당신의 승천을 보게 해 주시고

저희의 승천을 바라게 해 주옵소서

성부의 권능으로 하늘에 오르신 주님,
당신이 승천하심으로
땅의 존재인 저희의 인성을
신성으로 승격시켜 주시오니
감사와 영광을 드립니다
당신의 오심도 가심도
그리고 다시 오심도
아버지의 구원계획과 인류를 위한 사명,
아버지의 영광을 위한
단 하나의 순종방식임을

가르쳐 주신 것이오매

당신의 삶의 일관성과 순종적 존재양식에

깊은 존경을 표합니다

당신께서 오르셔서

거기 성부의 영광 안에 계심같이

저희도 훗날엔 거기에서

주님께서 다스리시는 왕국에서

천사들과 함께 흠모할 감격에

지금부터 가슴 울렁거립니다

저희 인간도 마침내

성부 하나님과 함께

그리고 성자이신 당신과 함께
하늘 옥좌 앞에 앉아 있도록
인도해 주실 것을 믿습니다

무한한 사랑을 주시는 주님,
해 뜨는 데서부터 해 지는 데까지
거룩하신 이름을 찬양합니다
지상생활을 끝내고 하늘로 오르셨다 함은
이제 저희도 땅의 것들을 버리고
천상의 것만을 추구하라 명하심이오니
땅으로 향했던 눈길들을
하늘로 들어높여 주소서
구름을 타고 납시는 당신만을
올려다볼 것이 아니라
다시 오실 당신을
열망 중에 기다리게 해 주소서   † 아멘

희망에 사로잡혀 있사오니

아버지께로부터 오셨다가

다시 아버지께로 돌아가신 주님,

당신 외에는 아무도 하늘에서 내려오시지 않았으며

당신밖에는 그 누구도 올라가지 않았사오니

머리이신 그리스도께서 승천하신 하늘나라를

당신의 지체인 우리도

마침내 영광 가운데 오를 것을 믿습니다

당신께서 하늘로 오르셨어도

저희를 떠나지 않으심같이

비록 당신의 약속이 아직 이루어지지 않았다 해도

이미 당신과 함께 당신 나라에 있는 것입니다

믿음과 희망과 사랑으로
이 땅에서부터 미리 천국을 살게 하옵소서
다시 오실 당신을 기다리며
희망에 사로잡혀 있사오니
오소서, 아멘, 주 예수여!

내 아버지이며 너희의 아버지,
곧 내 하나님이며 너희의 하나님이신 분께
올라간다고 말씀하신 주님,
성부께 청하시어 저희에게 보내 주실 협조자인
진리의 성령은
당신을 증언하실 증인이신 줄 믿습니다
또한 성령도 당신을 파견하신 성부와 함께

당신과 하나이심을 믿습니다
어서 속히 성령을 보내 주시어
당신 나라의 신비와 진리를
온전히 깨닫게 해 주옵소서

세상 끝날까지 항상 우리와 함께하마
약속하신 주님,
당신은 이 땅에 머무실 때도
저희가 당신께로 돌아서서
구원받기만을 원하셨습니다

부활하신 다음에도
단 한 사람이라도 더 구원하시려고
하늘나라의 복음을 선포하셨습니다
승천하신 까닭도 당신이 떠나셔야
성령께서 오시기 때문임을 믿습니다
죄와 정의와 심판에 관한
그릇된 생각을 바로잡아 주셔서
구원의 완성에 이르게 해 주옵소서
주님, 다시 오시는 날,
저희 모두도 당신이 계신 곳으로
이끌어 데려가 주옵소서
그 때까지 오늘 여기서
당신의 언약을 믿으며
성령 안에서 당신과 한마음 되고
평화 안에서 당신과 일치를 이루며
영광 안에서 당신과 한 영이 되게 해 주옵소서

한 점 한 획도 어긋남 없이
아버지의 뜻을 이루신 주님,

당신의 승천은 공간의 이동이라기보다
신분의 승귀임을 믿습니다
따라서 저희의 수직이동도
확증된 것임을 믿습니다
땅 끝까지 당신의 왕국을 세워가시려는 계획을
일깨워 주심을 감사드립니다
앞으로 당신이 다시 오실 때는
하늘나라는 저희가 사는 곳
어디든지 설 것이며
하나님은 당신과 함께
저희 곁에 계실 것임을 믿습니다
새 하늘과 새 땅을 보게 될
그 감격의 날을 기다리며
희망에 사로잡혀 있사오니
아직은 땅에 있는 저희를
축복하옵소서 † 아멘

성 | 경 | 찾 | 아 | 보 | 기